AF459710

LE PROVINCIAL A PARIS, *OU* LE POUVOIR DE L'AMOUR ET DE LA RAISON.

COMEDIE

En trois Actes & en Vers.

Par M. DE *MOISSY.*

Représentée pour la premiere fois par les Comédiens Italiens Ordinaires du Roi, le Lundi 4 May 1750.

Le prix est de 30 sols.

A PARIS,

Chez CAILLEAU, rue S. Jacques au-dessus de la rue des Mathurins, à S. André.

M. DCC. L.

Avec Approbation & Permission.

AVERTISSEMENT.

LE Leƈteur me permettra de lui faire part de l'incertitude où j'ai été à propos de l'impreſſion de cette Piéce, qui n'a été repréſentée qu'en trois Aƈtes à la Comédie Italienne, quoique reçûe & prête à être jouée en cinq Aƈtes au Théâtre François. Beaucoup de perſonnes vouloient m'engager à la faire imprimer en cinq Aƈtes ; mais de l'avis d'un plus grand nombre, je me ſuis déterminé à la faire paroître à la leƈture telle que le Public a eu la bonté de la recevoir au Théâtre. Je croirois compromettre ſon goût & lui manquer de reconnoiſſance, ſi je lui préſentois un autre Ouvrage que celui qu'il a bien voulu agréer ; qu'il m'accorde ſeulement un peu d'indulgence ſur des événemens qu'il trouvera dans cette Piéce peut-être un peu trop preſſés, ſur des coupures dont je n'ai pas peut-être bien effacé les marques, ayant été obligé d'ôter un Rolle tout entier.

Ainſi ſans trop vouloir me juſtifier, je cherche l'excuſe des défauts qu'on peut reprocher à cette Piéce dans le ſort d'un premier Ouvrage que j'ai été forcé de réduire précipitament, par des circonſtances qui ne s'accordent point avec la gaité & la ſérénité d'eſprit que ce genre de travail exige.

LE

LE
PROVINCIAL
A PARIS,
COMEDIE.

ACTEURS.

LUCILE, Cousine de Cydalise & Niéce d'Oronte.

CYDALISE, Cousine de Lucile.

ORONTE, Oncle de Lucile & de Cydalise.

CLEODON, Neveu de Lisimon.

LISIMON, Oncle de Cléodon.

LISETTE, Suivante de Lucile & de Cydalise.

ARLEQUIN, Valet de Cleodon.

La Scene est à Paris dans la Maison d'Oronte.

LE PROVINCIAL A PARIS, OU LE POUVOIR DE L'AMOUR ET DE LA RAISON.

ACTE PREMIER.

SCENE PREMIERE.

LISIMON, ARLEQUIN.

ARLEQUIN.

OUS arrivez à tems pour la cérémonie,
Dès ce soir au plûtard, Cléodon se marie,
Et cette Cydalise a fixé tous ses vœux.

LISIMON.

Crois-tu que cet hymen puiſſe le rendre heureux ?

ARLEQUIN.

Autant qu'on le peut être en prenant une femme.

LISIMON.

Je connois mon neveu juſqu'au fond de ſon ame ;
D'un caractere doux & d'une égale humeur ;
La raiſon juſqu'ici maîtreſſe de ſon cœur,
L'a toujours éloigné des vices de ſon âge ;
Un heureux naturel l'a fait pour être ſage :
Il ſera le bonheur d'une tendre moitié.

ARLEQUIN.

Il ſera donc heureux ?

LISIMON.

Mais la vive amitié
Que je reſſens pour lui, me fait aiſément craindre
Que de l'hymen un jour il n'ait lieu de ſe plaindre.
S'il aime Cydaliſe, elle a de la douceur ;
Et . . . . .

ARLEQUIN.

De la douceur ; mais j'ai vû dans ſon humeur
De la vivacité, prompte avec pétulance ;
Elle rit & ſe fâche, elle chante, elle danſe,
Le tout dans un inſtant.

LISIMON.

Et que dit Cléodon
De cet eſprit léger ?

ARLEQUIN.

Lui, ſur le même ton

En un instant aussi se compose & varie ;
Tous deux suivent toujours la même fantaisie.
Quand Cydalise chante un air avec éclat,
Cléodon aussi-tôt dessine un entrechat ;
Diversement épris d'une même folie,
Elle est l'original & lui fait la copie.
Ah ! Monsieur, en six mois que Paris l'a changé !

LISIMON.

En mal apparemment : le maudit préjugé,
De penser que Paris est l'Ecole certaine
Où la jeunesse apprend promptement & sans peine,
Cet art du sçavoir vivre & d'avoir de l'esprit,
Fait souvent des sujets dont l'homme sensé rit.
Pour risquer cet écueil le succes est bien mince ;
Et tel qui bien conduit au fond de sa Province,
Sans aucun ridicule eût rempli son état,
Vient apprendre à Paris à devenir un fat :
J'aurois pour Cléodon eu bien plus de prudence,
Si je l'avois fixé pour toujours en Provence.

ARLEQUIN.

En vérité, Monsieur, Paris a du malheur,
Et vous le condamnez avec trop de rigueur :
Si mon maître est changé, c'est avec avantage ;
Il est bien plus aimable & n'en est pas moins sage.

LISIMON.

Je le souhaite.

ARLEQUIN.

Il a l'esprit vif & brillant ;

Il regne en ses façons certain air sémillant,
Qui fait qu'on s'intéresse à ses moindres manieres;
Il donne un tour tout neuf aux choses ordinaires;
Il a congédié cette timidité
Qui lui donnoit souvent un air déconcerté.
Il a le geste actif & le langage tendre;
Il parle tant qu'on veut, & sans se faire attendre.

LISIMON.

Ainsi donc, bien souvent, il ne sçait ce qu'il dit,

ARLEQUIN.

Eh! peut-on trop parler quand on a de l'esprit?
Vous allez par vos yeux connoître son mérite.
Le voici.

SCENE II.

CLEODON, LISIMON, ARLEQUIN.

CLEODON.

Permettez que je me félicite;
Parbleu dans ce moment, mon Oncle, en vérité;
J'embrasse avec transport une Divinité:
Votre arrivée enchante & vous rend adorable;
Vous anéantissez le chagrin qui m'accable.
Du ciel, en ce moment, vous m'êtes descendu;
Recevez d'un Neveu l'encens qui vous est dû.

Comment vous portez-vous ? Assez-bien, ce me
semble ?
Fatigué, n'est-ce pas ? En vérité je tremble
Qu'un voyage si long n'ôte à votre santé.

ARLEQUIN, *à Lisimon.*

Le joli compliment !

LISIMON, *à Arlequin.*

Qu'il a l'air affecté !

à Cléodon.

Grace au ciel, je n'ai pas essuyé de fatigue.

CLEODON.

Ah ! vous me ravissez, votre repos m'intrigue,
Mais au point que sans lui je n'en sçaurois avoir ;
En cela je remplis un gracieux devoir.

LISIMON.

Quel qu'en soit le motif, je vous en remercie :
Avec plaisir aussi je borne mon envie
A rendre votre sort fixe, tranquille & doux,
De contenter mes vœux il ne tient plus qu'à vous.
Serez-vous satisfait de votre mariage ?
Mon doute sur ce point a produit mon voyage ;
Mon amitié pour vous m'a rendu curieux :
Mes yeux moins prévenus connoîtront beaucoup
mieux
Les sentimens, l'humeur, l'esprit de la future.
Approuvez seulement ses traits & sa figure,
Voilà votre district. Dans l'objet de ses vœux,
C'est tout ce que peut voir un jeune homme
amoureux.

CLEODON.

En ce cas tout eſt vû ; je la trouve charmante.
Sa taille, ſon maintien, tout en elle m'enchante :
J'ai même innocemment empiété ſur vos droits,
Mon oncle, & mes regards ont été plus adroits
Que vous ne le penſez. J'ai vû ſon caractere
Juſqu'au fond de ſon cœur ; il eſt tout fait pour plaire.
Cydaliſe a l'eſprit du dernier amuſant ;
Du plus fin badinage il fait ſon élément :
Leger papillonage, agréable ſaillie,
Qui tiennent bien ſouvent d'une aimable folie.

LISIMON.

Mais fort bien, en ce cas tout eſt examiné,
Je m'en rapporte à vous.

CLEODON.

Vous ſemblez étonné.

LISIMON.

Il eſt aiſé de voir ſans recherche frivole,
Que vous allez, Monſieur, épouſer une folle.

CLEODON.

Mais, vous vous allarmez, mon oncle, hors de ſaiſon :
Cette folie eſt ſage & vaut de la raiſon.
Elle fait à la fois les charmes de la vie,
En jettant un air gai ſur ce qui nous ennuie :
Par elle un rien amuſe, intéreſſe, ſéduit.
C'eſt elle qui toujours, lorſque le plaiſir fuit,
Nous ramene au plaiſir, ſans ſouffrir d'intervalle.

Des routes du bien être elle est la principale :
Avec elle on sçait tout, & sans être sçavant ;
Sans elle le sçavoir n'offre qu'un ignorant :
L'esprit se fait un jeu d'une critique fine,
Sans paroître guindé, sur un mot il badine,
Et l'on goûte à son gré l'agréable douceur.....

LISIMON.

De passer pour un fat ou pour un froid railleur,
Vous êtes en chemin & sur votre beau dire,
Vous pousserez fort loin l'erreur qui vous inspire.
Je ne vous connois plus ; vous m'en voyez surpris.
C'est donc-là le progrès que l'on fait à Paris ?
Ou plutôt cet amour dont votre ame est éprise,
Soufle en vous les défauts de votre Cydalise.
Vous aviez l'esprit juste, & le voilà gâté.

ARLEQUIN, *à part.*

Oh ! le papillonage est ma foi démonté.

CLEODON.

Ce reproche me fait une peine profonde.

ARLEQUIN.

Et cet esprit, Monsieur, est l'esprit du grand monde.

LISIMON.

Mais vous voilà vêtu comme un petit Marquis !

CLEODON.

Je suis le goût du tems, n'en soyez point surpris ;
A mon âge il faut bien s'habiller à la mode.

ARLEQUIN.

Allez-vous critiquer encor cette mode ?

LISIMON.

D'accord, mais cet habit n'eſt pas d'un Magiſtrat.
Quel motif avez-vous de maſquer votre état ?

ARLEQUIN.

Ce que Monſieur en fait, ce n'eſt que par décence ;
Cet habit pour l'amour, eſt l'habit d'ordonnance.

CLEODON.

Et de plus, Cydaliſe a d'étranges frayeurs,
Une robe, ou du noir lui donnent des vapeurs.

LISIMON.

Je connois donc déja ſa premiere folie.
Oh, ce n'eſt pas la ſeule ! Et quel eſt votre envie ?
Car enfin, quand l'hymen aura formé vos nœuds....

ARLEQUIN.

Oh, l'hymen eſt partout un lénitif heureux
Qui guérit les vapeurs.

CLEODON.

Mais avec confidence
Peut-on vous découvrir au vrai ce que l'on penſe ?
De moi vous faites donc un grave Préſident ?

LISIMON.

Oui vraiment, ce parti me paroît très-prudent ;
Vous avez en Provence une place honorable,
L'occuper eſt pour vous un état deſirable ;
Vos parens dans la robe y ſont tous élevés,
Il faut y ſoutenir le nom que vous avez.
Un jeune homme bien né peut-il jamais mieux faire,
Que remplir avec ſoin la place de ſon pere,

Plutôt que d'essayer d'un état incertain ;
Qui peut souvent le mettre en très-mauvais chemin.
Dans un état honnête, il vit content, il brille,
Il reste le soutien, l'honneur de sa famille ;
D'autant plus estimable en sa docilité,
Qu'il suit l'ordre sacré de la société.

CLEODON.

J'en conviens avec vous, vos raisons sont charmantes ;
Mais les miennes, mon oncle, ont l'air d'être prudentes.
De grace écoutez-les. J'ai, oui, vingt ans au plus,
Sans me donner ici d'éloges superflus,
D'un heureux Courtisan j'ai l'aimable tournure ;
Bien fait, passons, ainsi l'a voulu la nature.
De Comtes, de Marquis, j'ai formé mes amis ;
Je suis déja couru, vanté dans tout Paris.
Pour vous peindre d'un mot tout l'esptit qu'on me donne,
D'avance on me retient. Sans négliger personne ;
De satisfaire à tout j'ai la précision.
Pour plaire, rien n'échappe à mon attention.
Ces talens ne sont pas faits pour la présidence :
Comment d'un Magistrat me donner l'importance ?
Mon ascendant me montre un chemin plus coulant,
Plus fait pour mon humeur, plus gai, plus séduisant

Que ne ſera jamais la place de mon pere,
Et ce chemin, Monſieur, eſt celui de la guerre;
Le parti qu'on choiſit eſt toujours le meilleur :
Celui dont on hérite a ſouvent le malheur
De ne point s'accorder avec notre mérite;
Changer d'état pour lors, c'eſt un mal qu'on évite;
Et mettant à profit ſon indocilité,
On eſt mieux pour le bien de la ſociété.

LISIMON.

Et voilà donc, Monſieur, la choſe décidée ?
Du fracas de Paris votre ame eſt obſédée;
La fureur d'y briller pendant cinq ou ſix ans,
Renverſe pour toujours mes avis importans :
C'eſt-là de vos pareils l'erreur la plus commune,
Sans penſer aux revers d'une triſte fortune,
Le faſte les ſéduit, & bornant leurs deſirs
A paſſer quelque tems dans de fougueux plaiſirs :
Ils conſument leurs biens ainſi que leur jeuneſſe,
Ils reviennent trop tard d'une fatale yvreſſe;
Et pour avoir voulu briller mal à propos,
Du reſte de leur vie ils troublent le repos.
A ce que je puis voir ce diſcours vous ennuie;
Suivez les beaux deſſeins de votre frénéſie.
J'ai tout dit, & je vais ceſſer de me fâcher;
Mais je n'aurai du moins rien à me reprocher.

CLEODON.

J'apperçois Cydaliſe & ſon oncle avec elle.

SCENE III.

ORONTE, CYDALISE, LISIMON, CLEODON, ARLEQUIN.

CYDALISE *entre en chantant.*

DIEU d'Hymen, unissez d'une chaîne éternelle, ...

ORONTE.

A quoi rêves-tu donc ?

CYDALISE *continue.*

L'amour & la gaieté.

CLEODON.

Mon oncle, de tous deux vous serez enchanté,

LISIMON *à Oronte.*

Ami, de vous revoir que j'ai l'ame ravie !

ORONTE.

Ce moment est pour moi le plus doux de ma vie :
Ton arrivée ici satisfait mon espoir;
Nourri depuis long-tems du desir de t'y voir.

LISIMON.

Par ce voyage-là, mon amitié s'acquite ;

ORONTE.

Oui, car tu me devois, mon cher, cette visite;

Nous allons devenir tous les deux bien contens;
De réunir ici ces deux tendres amans,

CYDALISE.

Oh ! vous étes pour nous des oncles adorables;

CLEODON.

Et jamais nos neveux n'en verront de ſemblables.

CYDALISE.

Quittons les complimens pour du moins ſerieux;
En les faiſant trop longs on les rend ennuyeux,
Sur des objets plus gays, je veux que l'eſprit brille,
Je viens de célébrer dans une Cantatille
Dont les vers ſont de moi, que l'on trouve charmans,
Les plaiſirs que l'Hymen offre aux tendres amans.
C'eſt une idée heureuſe, une aimable ſaillie,
Où j'ai donné l'eſſor au feu de mon génie,
à Cleodon. Comme Dieu du plaiſir je vous ai préſenté,
Et j'y ſuis ſous le nom de l'aimable gayeté.

ORONTE.

Je ne te ſçavois pas les talens d'un poëte;
Ma niece, embraſſe-moi, ma joye en eſt complete.

CLEODON.

J'en ai l'ame ravie, ah, mon oncle, des vers!

ARLEQUIN.

Epouser une Muse !

LISIMON *à part.*

Autre nouveau travers !

CYDALISE *à Lisimon.*

Monsieur dans sa jeunesse aimoit la poësie,
Faisoit des vers, sans doute ?

LISIMON.

Oh ! non, cette folie
A toujours respecté mon peu de sens commun ;
Autant qu'il m'en souvient je n'en fis jamais qu'un ;
Et que voici ; *l'Amour de la raison triomphe*,
Ne trouvant point de mot qui pût rimer en omphe
Fort content du premier dont le sens étoit bon,
Dès-lors je renonçai pour toujours au second.

CYDALYSE.

Mais, vous y connoissez, sans doute, quelque chose.

LISIMON.

J'y cherche le bon sens, ainsi qu'à de la prose ;
Comme sous de grands mots, il y semble caché,
Je les pese en détail, & quand j'ai bien cherché ;
J'y trouve bien souvent pour toute recompense ;
Des mots vuides de sens qui sautent en cadence.

CYDALISE.

Ah ! Ciel, vous n'avez donc existé qu'à moitié !
Et c'est de votre esprit n'avoir point de pitié,
Que nourrir pour les vers une haine si grande,
Je vous prie, aimez-les, votre bien le demande.

CLEODON.

Je veux être pour vous un enfant d'Apollon,
Et vous donner la main sur le sacré Vallon,
D'où les neuf sœurs, sçauront nous conduire à Cythere,
Cupidon dans ce groupe y cherchera sa mere,
Qui n'y pourra rester en voyant tant d'appas;
Son fils la verra fuir & ne s'en plaindra pas.

LISIMON *à part.*

Quoi ! la fureur des vers trouble aussi sa cervelle!
Cette fille en tout point le rend aussi fou qu'elle,
Le voilà bien tombé.

ORONTE.

Vous paroissez rêveur ?

LISIMON.

Non, je réfléchissois...

ORONTE.

Sur quoi ?

CLEODON.

Sur le bonheur

De

De me voir épouſer l'aimable Cydaliſe.

CYDALISE.

On peut ſur ce bonheur parler avec franchiſe;
Il a ſçû me fixer, & je trouve à propos
De lui ſacrifier de malheureux rivaux,
Amans que malgré nous la beauté nous attire,
Et que l'on ſouffre un tems, ſeulement pour en rire,
Cleodon eſt orné de tant de qualités....

CLEODON.

Ma foi, je ne les dois qu'à toutes vos bontés.

LISIMON *à Cleodon.*

Oh, vous avez vraiment lieu de lui rendre grace.

CYDALISE.

Des ſoupirs du Marquis, bon Dieu que je ſuis laſſe!
Liſidor & Cleon, vont être déſolez,
Et le vieux Commandeur; oh mais ſi vous voulez
Ces amans refuſez & que mon choix chagrine,
Je peux les adreſſer à ma chere couſine;
Mon oncle, elle eſt en droit de me les demander.

ARLEQUIN.

Et, c'eſt ce qu'on appelle habile à ſuccéder.

LISIMON.

Quoi, vous avez, Oronte, une ſeconde niece?

ORONTE.

Oui vraiment : oh, parbleu, c'eſt une bonne piece,
Dont je me déferai très-difficilement.

LISIMON.

Et pourquoi, je vous prie?

ORONTE.

En fait de ſentiment
Elle pouſſe trop loin ſa critique trop fine :
En amour, comme en tout, tranchant de l'heroïne
Elle voudroit trouver un amant tout parfait,
Quand on ignore encor ſi l'amour en a fait.

CYDALISE.

Ce ſont de ces eſprits concentrés en eux-mêmes;
Qui penſent en ſecret & ſe font des ſiſtêmes.

CLEODON.

Oui, rien ne lui paroît digne d'attention,
S'il ne paſſe au creuzet de ſa réflexion,

LISIMON *à part.*

Le beau raiſonnement!

CYDALISE.

Et pour ne vous rien taire;
Lucile fait contraſte avec mon caractere,
Jugez-en...

LISIMON.

Selon vous ce portrait lui fait tort?
Mais Lucile eſt aimable, ou je me trompe fort.

ORONTE.

Parbleu, mon vieil ami, j'admire ta prudence;
C'eſt avoir pour Lucile une grande indulgence.

CYDALISE.

Monſieur eſt trop poli.

LISIMON.

Moi, je le ſuis très-peu;
C'eſt de mon ſentiment vous faire un libre aveu.
Oui, ce qui dans l'inſtant vous la rend condamnable,
La préſente à mes yeux, beaucoup plus eſtimable,

CYDALISE.

Vous êtes prévenu, Monſieur, en ſa faveur,
Mais pour vous découvrir le vrai de ſon humeur,
Je devine un moyen, oh, l'idée eſt charmante!

LISIMON.

Comment?

CYDALISE.

Il faut....

ORONTE.

Eh bien, quoi?

CYDALISE.

Le deſſein m'enchante,

Il peut nous dévoiler ſes ſecrets ſentimens,
Et nous montrer le cas qu'elle fait des amans;
Vous ſçaurez quel accueil, elle offre au vrai mérite,
Et ſi l'amour enfin eſt un mal qu'elle évite.
Il faut que Cleodon par une feinte ardeur
Paroiſſe avoir formé des deſſeins ſur ſon cœur.
Elle ignore, je crois, que notre hymen s'apprête;
Car elle a depuis peu la ſolitude en tête.

ORONTE.

A quoi tend ce projet, ſi Cleodon enfin
Ne peut lui plaire.

CYDALISE.

Alors ...

LISIMON.

Quoi?

CYDALISE.

Vous ſerez certain.
Qu'elle n'a point du tout le goût du vrai mérite.

LISIMON.

Mais je ne prétens point en décider ſi vite,
Il ſera mal reçu.

ORONTE.

Moi, j'en augure mieux;
Cleodon eſt aimable, & Lucile a des yeux,
Fait comme lui morbleu, n'eſt-on pas ſûr de plaire?

LISIMON.

Il déplaira, vous dis-je !

CLEODON.

Ah, souffrez que j'espere;
Mon oncle, s'il vous plaît, on sçait sans vanité,
Etaler ce qu'on veut, & de plus d'un côté,
Et s'accordant au goût d'une jeune personne,
Se rendre intéressant par l'heureux tour qu'on donne,
Aux moyens les plus sûrs de captiver son cœur;
Sans affectation, on flatte son humeur,
On se prête au penchant du défaut qui l'agite;
Ce défaut, quel qu'il soit, fait notre réussite,
Quand nous le découvrons, il faut le partager;
Avec l'aimable objet que l'on veut engager,
Paroître de moitié dans toutes ses manies,
Imiter par raison ses plus grandes folies,
Par-là, nous devenons un gracieux miroir
Où le sexe séduit prend plaisir à se voir.
C'est ainsi que je veux m'y prendre avec Lucile
Mon oncle, vous verrez s'il m'est si difficile
De subjuger un cœur.

ARLEQUIN.

Le projet est plaisant;
Qu'en pensez-vous, Monsieur?

LISIMON.

Qu'il eſt extravagant !
Approuvez-vous, Oronte, un deſſein ſi bazare ?

ORONTE.

Sans doute je l'approuve, auſſi je me prépare
A m'amuſer beaucoup de ſon heureux ſuccès,
Mais à propos de quoi nous en faire un procès ?

LISIMON.

Allez, vous êtes fou, quoi ſans aucun ſcrupule
Vouloir tromper un cœur, peut être, trop crédule!
S'il ſe laiſſoit toucher, ce dont je doute fort,
Parlez ſincérement, n'auriez - vous pas grand tort...

CYDALISE.

Non, nous voulons ſçavoir, Monſieur, ce qu'elle penſe
Pour pouvoir lui choiſir avec plus d'aſſurance
Un mari dont l'humeur s'accorde à ſon deſir,
Et cet eſſai ne tend qu'à lui faire plaiſir.

ORONTE.

Cydalyſe a raiſon.

CLEODON.

C'eſt lui rendre ſervice
Que de ſçavoir ainſi quel eſt ſon vrai caprice.

CYDALISE.

Rentrons tous au plûtôt pour ménager l'inſtant ;

à Arlequin.

Toi, fais ici le guet, pour trouver ce moment ;
Et garde le ſecret. *Ils ſortent.*

SCENE IV.

ARLEQUIN, LISETTE.

ARLEQUIN.

Ah, te voilà, ma chere ?

LISETTE.

C'eſt moi-même, & dis-moi, quel eſt donc ce myſtere,
Pour lequel on t'ordonne à l'inſtant le ſecret.

ARLEQUIN.

Ce n'eſt rien,

LISETTE.

Avec moi vous faites le diſcret ?

ARLEQUIN.

Un peu, oui.

LISETTE.

Pourquoi donc ?

ARLEQUIN.

Et mais, n'es-tu pas fille?
Et qui dit fille, dit un être qui babille,
Et qui ſans babiller ne pourroit exiſter.
Ainſi tu ne dois pas plus long-tems inſiſter,
A ſçavoir un ſecret qui ceſſeroit de l'être
Si je te le diſois,

LISETTE.

Puiſque tu fais paroître
Tant de diſcrétion, c'eſt fort bien fait, pourſuis.
Moi, je veux m'en tenir à tout ce que je ſuis.

ARLEQUIN.

Quoi, tu veux reſter fille?

LISETTE.

Oui,

ARLEQUIN.

Liſette plaiſante;
Je te connois trop ſage, & tu ſçais, ma charmante,
Que tu n'es déja plus maîtreſſe de ton cœur;
Nous brûlons tous les deux d'une commune ardeur.

LISETTE.

Tu peux brûler tout ſeul, moi je ſuis fort tranquille,
Apprens, ſi nous avons une langue indocile,

Apprens

Apprens que notre cœur a plus de fermeté,
Que nous l'ôtons à qui ne l'a pas mérité.

ARLEQUIN.

Parles-tu tout de bon? regarde-moi, Lisette;

LISETTE.

Eh bien, quoi?

ARLEQUIN.

Ton depit m'allarme & m'inquiete;

LISETTE.

Il m'importe fort peu.

ARLEQUIN.

Puisque tu veux sçavoir
Ce que je te cachois en faisant mon devoir;
Il faut te contenter.

LISETTE.

Je ne veux plus l'apprendre.

ARLEQUIN.

En voilà bien d'un autre, on veut te faire entendre
Que ...

LISETTE.

Garde ton secret, & me laisse en repos;

ARLEQUIN.

Ecoute-moi, te dis-je, il est même à propos
Qu'on t'apprenne à l'instant le dessein qui s'apprête.

LISETTE.

Ton beau discours ne sert qu'à me rompre la tête,

Je ne veux plus ſçavoir ce que je deſirois,
Quand j'ai pris mon parti, je n'en démors jamais,
Et rien ne peut changer ce que je me propoſe;
Je ſuis fille en cela plus qu'en toute autre choſe.

ARLEQUIN.

Tu ſçais donc maitriſer ta curioſité?
Je ne m'attendois pas à tant de fermeté,
Mais loin que ton caprice excite ma critique,
J'admire ton effort, il eſt noble, heroïque,
J'approuve dans Liſette un triomphe ſi beau,
Et pour ne point détruire un prodige nouveau,
Avec diſcretion auſſi je me retire,
Et garde mon ſecret, puiſqu'elle le deſire.

Il ſort.

SCENE V.

LISETTE *ſeule.*

IL s'en va: le faquin, m'a ſçû piquer d'honneur,
J'ai tenu bon, pourtant; j'enrage de bon cœur
De n'avoir point appris ce qu'il vouloit me dire;
C'eſt ma faute après tout.

SCENE VI.

LUCILE, LISETE.

LUCILE.

Quoi, Lisette soupire?

LISETTE.

Non, je grondois tout bas mon esprit entêté;
Et ce n'est qu'un soupir de curiosité.

LUCILE.

Oui?...

LISETTE.

Arlequin avoit un secret à m'apprendre;
Et j'ai cruellement refusé de l'entendre,

LUCILE.

Tu voudrois à présent le sçavoir ce secret?

LISETTE.

Et oui, de mon soupir voilà tout le sujet,
Comme avec passion, nous sommes amoureuses,
Avec transport aussi nous sommes curieuses,
Ce qu'on veut à notre âge, on le veut ardemment,
Et ne point l'obtenir, c'est un cruel tourment;

Qui, loin de reprimer notre desir, l'augmente
En nous rendant plus cher le plaisir qui nous tente.

LUCILE.

Mais, tu parois habile en définition.

LISETTE.

C'est sur moi que je fais cette application :
Dans le nombre commun, vous n'êtes point comptée
Du sexe feminin, Lucile est exceptée ;
Quand on cherche à le voir de ses mauvais côtés,
Vous n'êtes fille enfin que par ces qualités
Qui rendent aux mortels notre sexe adorable,
Et vous êtes du reste un homme raisonnable.

LUCILLE.

Lisette, ce portrait est vraiment trop flatté.

LISETTE.

Je crois l'avoir tiré d'après la vérité.

LUCILE.

Pour le rendre plus vrai, consulte Cydalise ;
Elle sçait mes défauts, en parle avec franchise,
Et les condamne avec tant d'agitation,
Que ses avis toujours me font impression ;
Elle a dessein, je crois, de me rendre parfaite.

LISETTE.

Oh, que ce soin n'est pas celui qui l'inquiéte!

Mais plûtôt en mettant ſon humeur en credit
Elle cherche à gâter le bon de votre eſprit,
Et voudroit bien vous rendre un jour folle comme elle:
Voilà le but ſecret de ce Mentor femelle:
Trop aimable Lucile, évitez ſes leçons.

LUCILE.

Je n'aurois jamais eu de ſi cruels ſoupçons:
Quoi, ma couſine auroit ...

LISETTE.

Croyez-en ma prudence,
Mon avis eſt fondé ſur mon expérience

Cydaliſe appelle derriere le Théâtre.

Liſette, hola?

LISETTE.

J'y vais ... quoi du matin au ſoir
Votre couſine aura les yeux dans ſon miroir;
Je n'y puis plus tenir, la journée eſt complette;
Voilà de compte fait ſa ſixiéme toilette.

SCENE VII.

LUCILE *seule.*

DE Cydaliſe ici je ſubis donc la loi !
Les plaiſirs ſont pour elle, & les chagrins pour moi,
Et n'oſant m'expliquer ſur ce que je deſire,
Je dévore en ſecret ce que l'amour m'inſpire,
Malgré moi Cleodon a des droits ſur mon cœur:
La raiſon m'a parlé d'abord en ſa faveur,
J'admirois ſa douceur, ſon aimable franchiſe;
Qu'il eſt changé, depuis qu'il aime Cydaliſe !
Gardons-nous, malgré tout, de laiſſer entrevoir
Un penchant malheureux, puiſqu'il eſt ſans eſpoir.

SCENE VIII.

CLEODON, LUCILE.

CLEODON *à part.*

VOICI donc le moment marqué pour ma
conquête,
C'est pour mon amour propre une nouvelle fête,
Approchons. *à Lucile.* Comment donc, toute seule
à rêver !
Seroit-ce être indiscret que d'oser vous troubler
Dans les tendres douceurs de votre rêverie,
Car sans doute l'amour étoit de la partie ?

LUCILE.

Oh, Monsieur, point du tout.

CLEODON.

En ce cas j'ai bien fait ;
Toute autre rêverie inquiete & déplaît ;
Mais à propos d'amour, votre cœur insensible
A ce Dieu si puissant est donc inaccessible ?
Faite pour être aimée, avez-vous fait serment
De ne point écouter les soupirs d'un amant !
On ne vous en voit point, vous êtes isolée,

Jusqu'au point que toute autre en seroit désolée ;
Ne vous y trompez pas, aimer est un besoin.

LUCILE.

Je sçais apprécier un si généreux soin,
Ce besoin jusqu'ici n'a point troublé ma vie ;
J'ignore le plaisir dont notre ame est nourrie
En devenant sensible au pouvoir de l'amour.

CLEODON.

Oh, bien, je prétens moi vous l'apprendre en ce jour,
Quel bonheur de trouver une jeune écoliere,
A qui de ces leçons on donne la premiere !
Allons, pour commencer, là regardez-moi bien ;
Mon abord, mes regards, mes soupirs, mon maintien,
Cet air tendre & touchant qu'enfante l'amour même,
Tout en moi dans l'instant vous dit que je vous aime,
Que d'être aimé de vous je me fais un bonheur,
Repondez à cela, que vous dit votre cœur ?

SCENE IX.

LUCILE, CLEODON, LISIMON *écoute au fond*.

LUCILE *à Cleodon*.

MAIS, il me dit, Monsieur, que je n'en dois rien croire,

CLEODON.

La réponse est modeste, elle est à votre gloire;
Mais je vous le répete & positivement,
Vous avez fait de moi le plus sincere amant,
Je ne puis plus cacher le feu qui me dévore,
La chose est décidée, & mon cœur vous adore;
Ce double aveu sur vous fait plus d'impression,
Vous sentez maintenant certaine émotion
Qui fait que mon discours en secret vous agite;
Voilà précisément ce que l'amour excite.

LISIMON *à part*.

Fort bien.

LUCILE.

Pour profiter de l'explication;
Comme je ne ressens aucune émotion,

Précisément aussi, Monsieur, je puis vous dire
Que l'amour sur mon cœur ne prend aucun empire?

LISIMON *à part.*

Le voilà bien puni de sa présomption.
Ecoutons jusqu'au bout.

CLEODON *à Lucile.*

Comment ma passion
Ne s'ouvre point du tout le chemin de votre ame,
Et votre cœur tout neuf, seroit sourd à ma flâme,
Examinez-le mieux, je l'entends soupirer,
Je lis dans ces beaux yeux que je puis esperer,
Et qu'au premier abord si l'on fait la cruelle....

LUCILE.

Eh bien?

CLEODON.

On n'en est pas pour cela plus rebêlle,
Aux tendres sentimens d'un véritable amour,
On paroît résister, mais on aime à son tour,
L'amour en un instant plus prompt qu'un trait de flâme,
Par le chemin des yeux se rend maître de l'ame,
Oui, le premier coup d'œil a droit de nous charmer,
Et....

LUCILE.

Ce peut être là votre façon d'aimer,
Chacun aime, je crois, suivant son caractere,

Le vôtre fort leger, sans beaucoup de mystere,
Fait céder aisément votre cœur à l'amour,
Comme aisément aussi par un juste retour,
Il sçait se dégager d'une chaîne légere.
Cette façon d'aimer a le don de vous plaire,
Soit, je ne prétens point vous en faire un procès:
Peut-être en usez-vous souvent avec succès,
Je n'en suis point surprise, elle est fort à la mode,
Pour moi je me ferois toute une autre méthode,
Si je livrois mon cœur au pouvoir de l'amour.

CLEODON.

Comment!

LUCILE.

Oui, ce n'est point l'ouvrage d'un seul jour
Que de trouver un cœur dont la délicatesse
En gagnant notre estime enfante la tendresse,
Le coup d'œil nous séduit, souvent pour nous duper,
Et le premier abord a l'art de nous tromper,
Mais c'est par l'examen du cœur, du caractere,
Qu'on trouve si quelqu'un a le droit de nous plaire,
Nous ôterions le prix de nôtre affection
En la donnant sans choix & sans réfléxion.

CLEODON.

C'est parbleu raisonner sensément de la chose;
J'accepte le marché que l'amour me propose,

Oui mon cœur enchanté va commencer un bail
Pendant lequel je veux vous charmer en détail.

LUCILE.

Permettez que j'attaque ici votre franchiſe,
N'en avez-vous donc pas un avec Cydaliſe ?
Elle a des droits ſur vous, & vous ne penſez pas
Que c'eſt faire une inſulte à ce qu'elle a d'appas...

CLEODON.

Cydaliſe, mais oui... j'ai vraiment eu pour elle,
Certain panchant léger qui n'eſt qu'une étincelle,
Si nous le comparons à ce feu violent
Qu'on reſſent près de vous dès le premier moment,
Et même...

LUCILE.

Allez, Monſieur, ce feu quel qu'il puiſſe être,
Sous des diſcours plus vrais devroit au moins paroître,
Et c'eſt manquer d'eſtime & de menagement
Que de me faire ici ce fade compliment.
Comme pour votre feu, je dois être de glace;
Ne trouvez pas mauvais que je quitte la place,
Et vous laiſſer penſer qu'un cœur tel que le mien,
Connoît le juſte prix d'un pareil entretien.
Adieu.

SCENE X.

CLEODON, LISIMON.

CLEODON *sans voir Lisimon.*

QUI l'eût pensé ! Quoi Lucile me brusque ;
Mon amour lui déplaît & mon propos l'offusque !

SCENE XI.

ORONTE, CLEODON, LISIMON.

ORONTE.

EH bien, dans ton projet as-tu bien réussi ?
Lucile....

LISIMON *ironiquement.*

Son esprit en a tiré parti,
On sçait, quand on en a la plus sûre maniere
De vaincre en peu de tems la beauté la plus fiere.

CLEODON.

Il m'a falu pourtant à vous parler sans fard,
Pour émouvoir son cœur employer tout mon art ;

Elle a bien du bon ſens, le cœur haut, l'ame belle,
Ah, n'eſt pes mal adroit qui peut être aimé d'elle.

ORONTE.

J'apprens avec plaiſir que ſon diſcernement
A connu ton mérite & t'en fais compliment,
Mon cher . . .

CLEODON.

. . . Il eſt toujours ſatisfaiſant de plaire.

ORONTE.

A ton âge morbleu, c'étoit ma grande affaire;

LISIMON.

Qui, lui, plaire à Lucile? Il en eſt déteſté,
Son amour propre ici maſque la vérité.
Lucile rend juſtice à ſon peu de mérite,
Le mépriſe & connoît l'eſprit faux qui l'agite.

CLEODON.

Mais comment ſçavez-vous . . .

LISIMON.

Oh, j'ai tout entendu;
Et par moi-même ici vous ſerez confondu,
Puiſque juſqu'à ce point vous portez la baſſeſſe,
Que de vouloir noircir d'une indigne tendreſſe
Un objet qu'à bon droit vous devez ménager,
Et dont tous les diſcours devroient vous corriger.

ORONTE.

Tu traites un peu trop l'avanture au tragique ;
Notre ami Lisimon, & ta grosse critique
Va nous chagriner tous, & cela pour un rien ;
As-tu donc oublié le but de l'entretien ?
Il ne tendoit enfin qu'à connoître Lucile,
Pour prendre sur son compte un parti plus facile.

LISIMON.

D'accord, mais il m'a fait connoître mon neveu,
Plus que je ne voulois, je vous en fais l'aveu,
Par plus d'un ridicule, insensé, méprisable,
Indigne de la main d'une fille estimable,
Esprit faux, cœur gâté par les vices du tems,
Cachant tout son néant sous des airs importans ;
Après ce vrai portrait que vous doit ma franchise,
Osez le marier à votre Cydalise.

ORONTE.

Je l'oserai sans doute, & mon arrangement
Ne sera point détruit par ton emportement,
Allons, viens, mon neveu, puisqu'enfin tu vas l'être,
Va, sous des traits plus doux je crois te mieux connoître,
Envers & contre tous je serai ton appui.

Ils sortent.

SCENE XII.

LISIMON *seul.*

HELAS, le pauvre Oronte est aussi fou que lui ;
Pour Cléodon encor l'amitié m'encourage,
Et je veux tout tenter contre ce mariage.
Qu'un jeune homme est à plaindre en ce brillant séjour,
Quand chez lui la raison se soumet à l'amour !

Fin du premier Acte.

ACTE II.

SCENE PREMIERE.

CLEODON, ARLEQUIN.

ARLEQUIN.

LISIMON veut partir absolument, vous dis-je,
Pour ne pas voir conclure un hymen qui l'afflige,
Et suivant son projet la nôce est encor loin.
Le vieillard a ma foi de la tête au besoin,
Et puisqu'il faut vous dire au vrai ce qui se passe,
Si l'on ne nous marie ici par contumace,
Nous ne le serons point, il veut nous enlever.

CLEODON.

M'enlever ?

ARLEQUIN.

Oui, vraiment, le tout pour nous sauver
D'un pays qui seduit notre foible jeunesse,
Qui gâte notre esprit, corrompt notre sagesse,
Et qui décomposant nos bonnes qualitez,
Nous a fait en tout point des cerveaux évantés.
Qu'en pensez-vous, Monsieur ? Faut-il plier bagage ?

Abandonner Paris ? Vous vous taisez, j'enrage....
Que disent ces soupirs ?

CLEODON.

Qu'il faut, cher Arlequin,
Bien ou mal en ces lieux arrêter mon destin,
Et malgré Lisimon abjurant la Provence...

ARLEQUIN *veut l'embrasser.*

Permettez les transports de ma reconnoissance.
Comme vous, je me sens épris de ce séjour,
Comme vous mon mérite y trouve le grand jour,
Amoureux comme vous, comme vous l'on m'adore,
Et pour vivre content, c'est Paris que j'implore.

CLEODON.

Ah ! ah ! Lisette est donc prise de tes beaux yeux ?

ARLEQUIN.

Oui, Monsieur, elle en tient, je m'y connois.

CLEODON.

Tant mieux.
Dans l'embarras cruel où mon malheur me jette,
Je compte pour beaucoup les secours de Lisette.

ARLEQUIN.

Vous pouvez disposer d'elle comme de moi.

CLEODON.

En es-tu bien certain ?

ARLEQUIN.

Oui, j'en donne ma foi.

CLEODON.

Tu fais l'avantageux & le fat, ce me semble ?

ARLEQUIN.

Cela pourroit bien être, aisément on ressemble
A des originaux que l'on a sous sa main.

CLEODON.

Comment ? . . . .

ARLEQUIN.

L'air de Paris est diablement malin ;
Il corrompt brusquement le meilleur caractere,
Et pour rentrer ici dans mon humeur sincere,
De Lisette, Monsieur, j'ai dompté les attraits
Et captivé le cœur. Je puis dire à peu près
Comme dans un instant vous avez de Lucile
Obtenu cet aveu si tendre & si facile.

CLEODON.

Eh, ne m'accable point dans mon chagrin mortel.

ARLEQUIN.

Quel est donc ce chagrin, je vous prie ?

CLEODON.

Il est tel
Qu'avant la fin du jour, si je n'y remedie,
De honte & de douleur j'en puis perdre la vie.

ARLEQUIN.

Comment diable, Monsieur, voilà du serieux
Qui m'afflige pour vous, & me rend curieux
De sçavoir . . . .

CLEODON.

Cet objet que ma folle imprudence
Prétendoit insulter jusques dans sa puissance,
Que j'ai voulu toucher d'une trompeuse ardeur,

Que le ciel a formé pour éclairer mon cœur,
Cette Lucile enfin que je me suis fait gloire
De braver, à l'appas d'une indigne victoire,
Par son air, ses discours, & par mille vertus
Triomphe de mon ame, & mes sens abbatus,
Dans tout ce que je vois ne se présentent qu'elle.
L'Amour en un instant d'une atteinte mortelle,
En dessillant mes yeux, a déchiré mon cœur;
Par ce coup imprevu, juge de ma douleur.

ARLEQUIN.

Bon, ce n'est que cela ? c'est une bagatelle,
Il a dans votre cœur logé plus d'une belle;
Il faut lui faire place, & plus tranquillement
Projetter le remede à ce nouveau tourment:
Vous vous désesperez pour pareille vetille!
Depuis quand se pend-on pour aimer une fille ?

CLEODON.

Tes sots raisonnemens ne font que m'irriter;
Tais-toi, si tu ne veux un peu plus respecter
Ce que l'amour m'aprend à respecter moi-même.

ARLEQUIN.

Eh bien, épousez-la, c'est un respect extrême,
Et qui guérit, dit-on, de l'amour le plus fort.

CLEODON.

Epousez-la ! fort bien : ne sçais-tu pas, butord,
Qu'Oronte a ma parole, & que ma main promise
Doit demain au plus tard m'unir à Cydalise ?

ARLEQUIN.

Oui vraiment je le sçais, que même vous l'aimez...

CLEODON.

Ou plutôt je l'ai cru; mes esprits animez
D'un vin desir de plaire, ont causé mon yvresse:
J'ai cru pour Cydalise avoir de la tendresse,
J'ignorois jusqu'alors l'effet d'un premier feu;
Et sans reflexion j'en fis le fol aveu,
Sans crainte & sans soupçon, elle croit que je l'aime,
Parce qu'aparemment elle m'aime de même.

ARLEQUIN.

Cela ne vous doit pas paroître surprenant;
On aime en ce pays assez commodément.

CLEODON.

Pour comble de malheur, Lucile me déteste;
Et je l'ai mérité. Ce souvenir funeste
En me la rapellant, accable ma raison:
Allons trouver Lucile, & voyons Lisimon
Quelques instans, surtout, évitons Cydalise;
Mais ô ciel! la voici, cachons-lui ma surprise.

SCENE II.

CYDALISE, *tenant un Ecrain*, CLEODON, ARLEQUIN.

CYDALISE.

JE vous trouve à propos & pour vous bien gronder,
Eh mais vous êtes fou!

CLEODON.

Peut-on vous demander
Pourquoi?

CYDALISE.

Par trop d'amour, & trop peu de prudence;
Mais à propos de quoi tant de magnificence?
Voilà des diamans, si beaux, d'un si haut prix,
Que nous avons raison d'en être tous surpris.

CLEODON.

J'avois cru pour tous deux ne pouvoir pas moins faire,
Et mon dessein n'a pas été de vous déplaire.

CYDALISE.

Mais, c'est me plaire trop, trop deviner mon goût.

ARLEQUIN.

Et oui, les diamans sont au dessus de tout,
Madame; comme à vous, ils ont l'art de me plaire;
Permettez un moment que je les considere;

L'Ecraïn est bien garni, la peste qu'ils sont gros !
Cette qualité là les rend toujours plus beaux.
Il fait signe à son Maître de les reprendre, qui le refuse.

CYDALISE.

Les étoffes aussi sont d'un goût admirable.

CLEODON.

J'en suis charmé.

CYDALISE *reprend l'Ecrain.*

Vous êtes adorable ;
Mais quand tout se prépare au gré de vos desirs,
Qu'on vous sévre dans peu du chagrin des soupirs :
Quel nuage secret vient offusquer votre ame !
On y pense, on s'y perd, qu'avez-vous ?

CLEODON.

J'ai Madame.....

ARLEQUIN *à Cleodon.*

Voilà le premier choc, il faut prendre un parti.

CYDALISE.

Eh bien, mais d'où vient cet air anéanti ?
Quelqu'un de notre hymen veut-il troubler la fête?

CLEODON.

Hélas, non, j'ai Madame, un fort grand mal de tête.

CYDALISE.

Vous me désesperez.

CLEODON.

Oh, ce ne sera rien.

ARLEQUIN.

C'est un mal impromptu ; car il se portoit bien
Jusqu'à ce moment où vous êtes arrivée.

CYDALISE.

Quoi, seroit-ce ma faute ? & me suis-je trouvée...

CLEODON.

Si vous voulez qu'ici je vous parle sans fard,
Vous y pouvez, Madame, avoir beaucoup de part.

ARLEQUIN *à part.*

Ce début-là promet.

CYDALISE.

Et comment, je vous prie ?

CLEODON.

Je vois dans notre hymen une source infinie
De tristesse pour vous, & de chagrin pour moi,
S'il faut que, marié, je subisse la loi
Qu'un oncle me prescrit ; mais un oncle que j'aime,
A qui je ne pourrai dans mon respect extrême,
Désobeir sans doute.

CYDALISE.

A quoi tend ce discours ?

CLEODON.

A me faire haïr, detester pour toujours.

ARLEQUIN *à part.*

Puisse-t-il réussir !

CLEODON.

Dans le sort qui m'accable
D'un ou d'autre côté je vais être coupable,
Et j'ai beau sur cela consulter la raison,

Dans

Dans un si dur combat elle est hors de saison,
Lisimon m'abandonne, enfin me deshérite,
Si malgré mon hymen, avec lui je n'habite
La province, son bien, n'est pas ce que mon cœur
Craint de perdre, Madame, un plus cruel malheur
En désobéissant à cet oncle estimable,
Occupe ma raison, je serai méprisable,
Ingrat, dénaturé, si je n'obéis pas,
A qui comme un vrai pere a sçu guider mes pas.

ARLEQUIN.

Si vous sçaviez, Madame, avec quelle tendresse
Il a formé nos cœurs, dressé notre jeunesse.

CLEODON.

Et d'un autre côté si je suis son projet,
De votre inimitié trop devenu l'objet,
Vous briserez les nœuds que l'hymen nous prépare,
Ou si vous vous portez à ce projet bizare,
Entraînant après vous un trop juste regret,
Desirant chaque instant ce Paris qui vous plait:
La province à vos yeux devenue odieuse,
Vous y fera passer une vie ennuyeuse,
J'en serai seul coupable, & votre espoir trahi,
Répandra son courroux sur le cœur d'un mari:
Ah, Madame, avouez dans le mal qui s'aprête
Qu'il peut m'être permis.....

ARLEQUIN.

A Cleodon. D'avoir mal à la tête
Fort bien imaginé, j'entends votre projet.

CYDALISE.

Vous avez bien raiſon de vous plaindre ; en effet,
Je ne puis exprimer quelle eſt ma répugnance
D'aller me confiner au fond de la Provence,
J'idolatre Paris, c'eſt un ſi beau ſéjour,
Que je préfererois d'y paſſer un ſeul jour
Au plaiſir que j'aurois d'être ailleurs immortelle.

ARLEQUIN *à Cleodon.*

Le dégoût prend, Monſieur, vous voilà défait d'elle.

CYDALISE.

La Provence, dit-on, eſt ſous un ciel riant.

ARLEQUIN.

Madame, point du tout, c'eſt un ciel mal-faiſant ;
Un climat dangereux, un air, ah, déteſtable !
Des brouillards en hiver, un chaud l'été, du diable,
Des vents de mer puants, des ouragans, des feux,
Que l'ardeur du ſoleil vomit du haut des cieux :
Un tonnerre tout prêt à foudroyer la terre ;
Madame, par hazard craignez-vous le tonnerre ?

CYDALISE.

Ah, ciel ! Si je le crains ?

ARLEQUIN.

Eh bien dans ce pays
On diroit que de Dieu les habitans maudits
Attendent chaque inſtant la céleſte vengance ;
Un tonnerre éternel y fait ſa réſidence,
Toutes les fois qu'ici vous ne l'entendez pas,
C'eſt qu'il eſt en Provence à faire ſon fracas.

CYDALISE.

Faut-il que vous alliez demeurer en Provence ?

CLEODON.

Sur de fortes raiſons, j'ai rompu le ſilence.

CYDALISE.

Eh bien, l'on vous ſuivra.

CLEODON.

Oh ciel ! je ſuis perdu !

ARLEQUIN *à part.*

Mon tonnerre a raté, je reſte confondu.

CLEODON.

Vous ſerez malheureuſe. ....

CYDALISE.

Allons, je veux bien l'être ;
Et dans ce beau deſſein je cours vite paroître
Chez Oronte, & lui dire, il en ſera ſurpris,
Sur vos reflexions, le parti que j'ai pris,
Afin que ſur cela vous n'ayez aucun doute.

SCENE III.

CLEODON, ARLEQUIN.

ARLEQUIN.

MA foi, voilà, Monsieur, votre amour en déroute,
Cette fille vous aime impitoyablement.

CLEODON.

Et c'est dans mon malheur un surcroît de tourment;
J'ai honte du détour que l'amour m'a fait prendre.

ARLEQUIN.

Mais il étoit bien pris, elle eût bien dû s'y rendre.

CLEODON.

Que faire? allons pourtant apprendre à Lisimon.
Dans le trouble où je suis, il voudra bien... mais non....
Risquons près de Lucile un aveu plus sincere;
Lisette vient ici; ne lui fais point mistere
Du malheureux état où tu vois qu'est mon cœur.
Lucile l'aime assez, dis-lui qu'en ma faveur
Elle lui parle enfin, que sans ressource aucune
Il y va de ma vie & de votre fortune.
Je vais à Lisimon dévoiler mon tourment,
Et chercher dans son cœur quelque soulagement.

SCENE IV.

LISETTE, ARLEQUIN.

ARLEQUIN.

Serviteur à Lisette ; elle est toujours si belle
Que ma flamme à ses yeux toujours se renouvelle.

LISETTE.

Quoi, tu prétens aussi donner dans la fadeur,
Et d'un maître trop fat, très-digne serviteur....

ARLEQUIN.

Non, mon enfant, je sors de mon humeur sincere ;
Que veux-tu, ce pays prend sur mon caractere,
Pour valoir un peu plus je me donne des soins,
Et je crois après tout, que j'en vaux beaucoup moins :
Or donc, en vrai valet que ta leçon corrige,
Pour ton bien, pour le mien, voici ce qu'on exige ;
Mon Maître est devenu, mais tout subitement
Amoureux de Lucile, & son amour....

LISETTE.

Comment....
Lui qui d'un faux aveu....

ARLEQUIN.

La chose est véritable ;
Il a voulu jouer cet objet respectable ;

Mais l'amour plus malin, piqué d'un tel détour ;
Se vange du trompeur, & le joue à ſon tour,
Il doit, comme tu ſçais, épouſer Cydaliſe :
Pour Lucile à préſent, l'amour la tiranniſe :
Tu ſçais qu'il ne peut pas pour corriger ſon choix;
Épouſer en un jour deux femmes à la fois;
Mais pour mettre à profit l'eſpoir qu'il ſe propoſe ;
Voici comme à Lucile il faut offrir la choſe :
Mon Maître repentant, amoureux.

LISETTE.

Vain détour,
Le ſexe eſt plus ſenſible au mépris qu'à l'amour ;
Si ton maître à déplu, c'eſt qu'il devoit déplaire :
Je ne me mêle point d'une pareille affaire.

ARLEQUIN.

Non ?

LISETTE.

Tu peux t'arranger là-deſſus.

ARLEQUIN.

Par ma foi
Tu t'en repentiras, j'en ſuis fâché pour toi.

LISETTE.

Cela m'eſt fort égal.

ARLEQUIN.

Oh, pas tant qu'on le penſe.

LISETTE.

Pourquoi? de ce refus quelle eſt donc l'importance?

ARLEQUIN.

Pour ne pas plus longtems te cacher ton destin,
Tu perds par ce refus ta fortune & ma main.

LISETTE.

Que ton maître te garde ainsi que ses richesses,
Mon cœur n'est point touché de toutes ces promesses :
Si l'un & l'autre enfin vous êtes amoureux,
Lucile & moi tout net vous refusons tous deux.
Ton maître pour avoir tantôt joué Lucile,
Et toi pour m'avoir fait d'un projet imbecile
Un important secret : pour tout dire en un mot,
C'est l'un pour être un fat, l'autre pour être un sot.

Elle lui donne un soufflet.

ARLEQUIN.

Pour mon maître & pour moi, c'est donc là la réponse,
Voilà ton dernier mot.

LISETTE.

Oui, même je t'annonce
Que d'aucun de vous deux ne voulant me mêler,
Tu feras beaucoup mieux de ne m'en plus parler.

ARLEQUIN.

Vraiment je le crois bien, & ta vive éloquence
M'apprend sensiblement à garder le silence.
Adieu.

SCENE V.

LISETTE, *seule.*

CEt amoureux ne s'en va pas content.
C'eſt bien fait, ſi chacun en remportoit autant,
Alors qu'à notre ſexe il manque en quelque choſe,
Aucun d'eux aujourd'hui n'oſeroit ce qu'il oſe.
J'enrage, quand je vois du train dont on y va,
Qu'on ne connoiſſe plus. . . . . .

SCENE VI.

LUCILE, LISETTE.

LUCILE.

QUe médites-tu là ?

LISETTE.

Je médite vraiment une importante affaire;
Je voudrois dans le feu de ma juſte colere,
Réformer notre ſexe & changer ſes abus,
Sur les hommes lui rendre un pouvoir qu'il n'a plus;

Et de leurs procédés réprimant la licence,
Les rendre plus soumis à notre obéissance.

LUCILE.

Le projet est très beau, mais la réflexion
Te fera renoncer à l'exécution.

LISETTE.

Comment ?

LUCILE.

Le ton qu'on prend leur rend tout légitime ;
Trop de facilité nous en fait la victime.
Notre sexe étendant les loix de la pudeur,
Ne paroît plus chercher les qualités du cœur.
Un homme avantageux, suffisant, agréable,
L'emporte maintenant sur un homme estimable :
Le mérite n'a plus qu'un ton froid, ennuyeux,
Qui réussissant peu ne fait plus d'envieux.
Les hommes cependant cherchant toujours à plaire,
Sachant à nos défauts plier leur caractere,
Se livrant au pouvoir qu'ont sur eux nos appas,
Nous adorent, souvent ne nous estiment pas ;
Et s'ils manquent aux soins que nous pourrions prétendre,
A nous seules, je crois, nous devons nous en prendre.

LISETTE.

Puisque de tout le mal notre sexe est l'auteur,
Je renonce au succès d'un projet trop flateur.
Pour vous conter en bref ce que je dois vous dire ;
C'est pour vous maintenant que Cléodon soupire ;

Cydalise a perdu tous ses droits sur son cœur,
Et vous êtes l'objet de sa nouvelle ardeur.

LUCILE.

De ce second détour je ne suis point surprise;
C'est un jeu, m'a-t-on dit, joué par Cydalise.

LISETTE.

O ciel! pour la punir d'un si hardi défaut,
Vous devriez ma foi, la traiter comme il faut.
Pour peu que vous vouliez vous en aurez la gloire.

LUCILE.

Et quel seroit pour moi le but de la victoire?

LISETTE.

La vengeance, plaisir en pareil cas si doux,
Qu'il est pour notre sexe un des plus vifs de tous.

LUCILE.

Déja pour m'amuser j'en ai formé l'envie;
Mais la raison m'en fait passer la fantaisie.
Je plains d'ailleurs, je plains le pauvre Lisimon;
Il ne reconnoît plus l'esprit de Cléodon.

LISETTE.

Mais à qui s'en prend-il?

LUCILE.

Dans sa triste franchise;
Il s'en prend à Paris, accuse Cydalise:
Il m'a même assuré qu'il ne finiroit rien
Que nous n'eussions ensemble un secret entretien.
Je suis sa confidente, & cet homme estimable
Dans son malheur devient pour moi plus respectable.

LISETTE.

Fort bien ; mais ſi pourtant cet entretien ſecret
Avoit, ſuppoſons-le, pour principal objet....

LUCILE.

Non, ne ſuppoſe rien, Liſette, que la grace
Qu'un oncle malheureux prétend que je lui faſſe ;
Ainſi, va de ma part lui dire que ce ſoir,
(*Cléodon arrive & entend ces trois derniers vers.*)
Il ſe trouve ici ſeul, que je pourrai l'y voir,
Et que c'eſt-là, pour peu que ce deſſein lui plaiſe,
Que nous pourrons tous deux nous parler à notre aiſe. *Elle ſort.*

SCENE VII.

CLEODON, LISETTE.

CLEODON.

PArler tout à notre aiſe, ici ſeul & ce ſoir ?
Mais c'eſt un rendez-vous, à ce que je puis voir,
Bien conditionné.

SISETTE.

Cela pourroit bien être.
D'où vient l'étonnement que vous faites paroître ?
Dans ce monde chacun a ſes arrangemens.
à part. Il va me dévoiler ſes ſecrets ſentimens,
Car il a pris le change.

CLEODON.

Il eſt vrai, mais Lucile
Ne me paroiſſoit pas à vaincre ſi facile.
Et pourroit-on ſçavoir quel eſt l'objet charmant
Qui fait l'eſpoir ſecret de ſon contentement ?

LISETTE.

Liſette ſur cela doit avoir bouche cloſe.
Quel intérêt d'ailleurs prenez-vous à la choſe ?

CLEODON.

Celui que doit avoir l'ami de la maiſon.

LISETTE.

Votre crainte, en ce cas, devient hors de ſaiſon ;
L'ami d'une maiſon, quand il eſt honête homme,
Tel que dans celle-ci, Monſieur, on vous renomme,
Doit tout voir, tout entendre & rien aprofondir,
Ami de tout le monde, y laiſſer vivre, agir,
Sans jamais éclairer les projets de perſonne,
Croire que de chacun l'intention eſt bonne ;
Et s'il voit par haſard faire quelque faux pas,
N'en dire mot, ou bien en raiſonner ſi bas,
Qu'en le voyant, jamais on n'ait à ſe contraindre :
Nous haïſſons toujours qui nous force à le craindre ;
Et l'eſpion enfin eût-il quelque raiſon,
Eſt le monſtre & non pas l'ami d'une maiſon.

CLEODON.

Oui, tu dis vrai, Liſette, & mon cœur t'en eſtime.
Qu'un plus vif intérêt en ce moment m'anime !

LISETTE, *à part.*

Nous y voilà. *haut.* Je sçais quel est votre défaut ;
Et je veux sur cela vous traiter comme il faut.
Vouloir plaire à Lucile est donc votre manie ?
Vous devriez rougir d'une telle folie.

CLEODON.

Ah ! ma chere Lisette, épargne un malheureux
Puni de son forfait & plus que tu ne veux.

LISETTE.

Mais pensez-vous, Monsieur, que demain sans remise,
L'hymen, de votre aveu, vous lie à Cydalise ;
Et qu'il est singulier ....

CLEODON.

Dans mon amour fatal
Il ne me manquoit plus que d'avoir un rival.
Mais que dis-je un rival ! Qui, moi que l'on déteste !
Ah ! de grace, ma chere, éclaircis-moi du reste ;
L'incertitude encor ajoute à mon tourment.

LISETTE.

Que voulez-vous sçavoir ?

CLEODON.

Quel est l'heureux amant
Qui ce soir au jardin.... Tu ris de ma disgrace !

LISETTE.

Et mais, Monsieur, comment voulez-vous que l'on fasse ?

CLEODON.

Comment ?

LISETTE.

Vous avez beau me marquer du ſouci;
On croit que c'eſt pour rire, & l'on en rit auſſi.
Vous poſſedez ſi bien l'art de vous contrefaire.

CLEODON.

Va, je ſçaurai ſans toi dévoiler ce myſtere.

LISETTE.

Oh, ſoit; mais croyez-moi, dans vos tranſports jaloux,
Gardez-vous de déplaire à l'homme au rendez-vous.

SCENE VIII.

LISETTE, *ſeule.*

IL eſt bien amoureux ou je ſuis bien trompée;
Et je crois que Lucile en a l'ame occupée.
Oronte vient ici, allons adroitement
Découvrir ſi Lucile en veut à notre amant.

SCENE IX.

LISIMON, ORONTE.

LISIMON.

JE partirai, vous dis-je.

ORONTE.

Oh, je veux, mon cher maître...

LISIMON.

Vous me pressez envain, & quoi qu'il en puisse être,
L'ennuyeuse Province a pour moi plus d'appas,
Que ce brillant Paris à qui je ne plais pas.
Depuis que j'y parois mon esprit s'étudie
A pouvoir supporter la fade Comédie,
Que vos gens du bel air, à dehors affecté,
Pour plaire dans le monde ont si mal inventé.
Déja je me formois un fond de patience,
Assez grand pour pouvoir avec quelqu'assurance
Espérer du succès, comme un vieil étourdi;
Dans deux ou trois maisons on m'avoit applaudi.

ORONTE.

Eh bien, qui peut avoir troublé ta réussite?

LISIMON.

Au Fauxbourg Saint Germain j'ai risqué ma visite;
J'ai crû que le même art qui dans ce quartier-ci,

Dans plus d'un fameux cercle avoit tant réussi,
Dans l'autre me rendroit un semblable service ;
Mais c'est un autre monde où j'ai paru novice,
Au point qu'il doute encor si j'ai le sens commun.

ORONTE.

Ta franchise sans doute aura choqué quelqu'un ?

LISIMON.

Non, Monsieur, sans vouloir vous faire un vain phantôme,
J'ai trouvé qu'on parloit un nouvel idiome ;
Que cet autre quartier est un autre Univers ;
Qu'ici passer un Pont c'est traverser les Mers :
Que tous vos habitans d'humeur douce & docile,
Sont, hors de leurs foyers étrangers dans leur Ville ;
Et que pour se flatter de plaire dans Paris,
Il faudroit qu'un homme eût mille sortes d'esprits.
Je n'y puis plus tenir, & sans misantropie,
Je renonce au desir d'approuver la folie
De vos originaux, Monsieur, & vais soudain
De mon triste pays reprendre le chemin.
On n'y voit point briller le luxe & l'abondance ;
Les plaisirs n'y sont point offerts avec licence,
J'en conviens avec vous, c'est même une prison ;
Mais on n'y rougit point d'avoir de la raison.

ORONTE.

A qui diable en as-tu pour exercer ta haine
Sur ce pauvre Paris, qui te fait tant de peine ;
Et qu'as-tu fait, dis-mois, de ton ancien bon sens
Pour tenir contre lui ces propos indécens ?

Avec ces beaux discours que ta critique étale,
Crois-tu me subjuguer par ta triste morale?
Un homme raisonable a de l'esprit partout;
A Paris plus qu'ailleurs, il contente son goût.
La raison que tu fais habiter en Province,
Entre nous, m'a paru d'un mérite si mince,
Que je n'ai jamais pû dans ses plus beaux séjours,
Tu le sçais, y tenir plus de cinq ou six jours.
Qu'y trouve-t'on, dis-moi? Faux Sçavans qui dissertent,
Ou médisans cruels, & qui vous déconcertent;
Froids railleurs, qui riant tout seuls de leurs propos,
Courent après l'esprit, & ne sont que des sots:
Eternels raconteurs & de la même histoire,
Dont il faut, malgré soi, se charger la mémoire;
Ou discoureurs plus gais, glissans d'un ton précis,
Des impromptus qu'ils ont appris de pere en fils.
Tristes complimenteurs, que leurs lourdes caresses
Rendent fort impolis par trop de politesses;
Et qui pour vous à table ont tant d'attention,
Que si vous n'en avez une indigestion,
Ils ne sont pas contens.

LISIMON.

Quelle fausse peinture
Me faites-vous donc-là?

ORONTE.

C'est la vérité pure.

LISIMON.

C'étoit bon autrefois ; vous parlez de cent ans.
Ailleurs, comme à Paris on ſuit le goût du tems.
Par tout l'homme devient ou plus ſot ou plus ſage;
Et par tout la raiſon ſçait corriger l'uſage :
Ou l'uſage à ſon tour prenant ſur la raiſon,
De ſes abus nouveaux ſçait gliſſer le poiſon.

ORONTE.

Paris pour la Province eſt pourtant un modele;
Dont elle fait ſans goût une eſquiſſe infidelle.

LISIMON.

Soit; mais de l'imiter ſi nous ſommes jaloux,
Notre raiſon y perd, nous en ſommes plus foux.

ORONTE.

Bon, ne voyons-nous pas tous vos gens de mérite
Groſſir par pelotons ce Paris qui t'irrite.
Tous tes Provinciaux qu'ici nous corrigeons,
On peut les comparer à de vrais ſauvageons,
Tirés du fond des bois & mis en bonne terre,
Pour pouvoir y produire un fruit plus ſalutaire,
Quand ils ſont bien greffés. Oui, ſans notre ſecours
Vous ſeriez ſauvageons le reſte de vos jours.
Ici nous vous greffons, & par cet avantage,
Vous rapportez un fruit moins acre & moins ſauvage.

LISIMON.

Vantez-vous de cela.

ORONTE.

Je le puis.

LISIMON.

Oui parbleu,
Et vous avez vraiment bien greffé mon neveu;
C'eſt un joli garçon.

ORONTE.

Sans doute, il eſt aimable;
Ce ſéjour l'a rendu beaucoup plus agréable.

LISIMON.

Il a l'eſprit ſurtout, fort juſte & fort ſenſé.

ORONTE.

Pourquoi non? d'où te vient ce regard couroucé?

LISIMON.

Du dépit qu'à bon droit un tel diſcours inſpire.
Vous me l'avez gâté, puiſqu'il faut vous le dire;
Tout brute il valoit mieux qu'avec tous ſes grands airs,
Qui le font promener de travers en travers;
Qui d'inutilités rempliſſant ſa cervelle,
En chaſſent la raiſon.

ORONTE.

Allons-donc, bagatelle;
Cléodon a cent fois plus de raiſon que toi.

LISIMON.

Je comptois aujourd'hui l'emmener avec moi;
Mais de le corriger mon eſpérance ceſſe:
Vous en êtes content, ma foi je vous le laiſſe.
Il a, je vous l'ai dit, cent mille écus de bien,

Et ma succeſſion dont il ne perdra rien.
Le chagrin qu'il me cauſe eſt un très-ſûr préſage
Qu'il deviendrabien-tot maître de l'héritage.

ORONTE.

Va, va, mon cher enfant, cela ne preſſe pas.

LISIMON.

Adieu.

ORONTE.

Mais doucement, ou je ſuivrai tes pas.
Comment donc, tu prétens t'en aller de la ſorte?

LISIMON.

Oüi.

ORONTE.

Cléodon t'a-t'il embraſſé?

LISIMON.

Non, qu'importe?
Epargnez à tous deux ce cérémonial,
Ma tendreſſe pour lui m'en tireroit fort mal;
Et dans un tel adieu, craignez que je ne voïe
Un contraſte cruel de douleur & de joie.

ORONTE.

Non, tu n'y penſes pas, & je cours l'avertir.
Moi, je veux qu'il t'embraſſe avant que de partir;
Au diable de bon cœur je donne la manie,
Qui de nous fuir ainſi te ſuggere l'envie.

Il ſort & avertit Cléodon qui entre.

SCENE X.

LISIMON, *seul.*

IL ne m'écoute pas, & malgré mon projet,
Je vais de mes chagrins voir le trop cher objet.

SCENE XI.

LISIMON, CLEODON.

CLEODON.

QUoi, vous partiez, Monſieur, & ſans l'avis d'Oronte!
Vous alliez m'accabler de chagrin & de honte;
Et trompant mon reſpect & mon attachement,
Vous alliez échapper à mon embraſſement:
Quand partout je vous cherche & que mon cœur timide
N'a plus auprès de vous que l'amitié pour guide.

LISIMON.

L'amitié? De ce nom reſpectez la douceur,
Elle n'eſt plus pour moi connue à votre cœur;

Et depuis qu'en ces lieux j'ai vû votre conduite,
De vos fausses vertus je connois le mérite.

CLEODON.

En partant sans me voir, hélas! vous vous trompiez,
Et tous deux à la fois vous nous désespériez.

LISIMON.

Près de moi croyez-vous être un peu plus habile
Que vous l'avez été tantôt près de Lucile?

CLEODON.

Ne doutez point, Monsieur, de ma sincérité,
Et si mon repentir ne peut être écouté,
Par la prévention, hélas! trop légitime
Que j'ai fait naître en vous en perdant votre estime,
Donnez au moins relâche à votre inimitié,
Pour juger si je suis indigne de pitié;
Je me jette à vos pieds, & j'adore Lucile.

LISIMON.

Vous l'adorez!.... Mon cœur à vous croire est facile;
Mais comment voulez-vous qu'on puisse se flatter
D'obtenir ce pardon, quand on doit détester
Ce qui devroit plutôt vous rendre plus aimable?
Votre jeunesse enfin.

CLEODON.

Je suis inexcusable;
Ce séjour a trop pris sur mon esprit léger;
Mais j'en sens les erreurs & viens m'en corriger.

LISIMON *à part.*

O Ciel ! en un instant l'aurois-tu rendu sage !
Son amour pour Lucile est d'un heureux présage ;
Cachons-lui le plaisir.... .

CLEODON.

Vous ne répondez rien ?

LISIMON.

Et donnons tous mes soins pour qu'un plus doux lien
Puisse....

CLEODON.

Vous parlez seul, & sans doute.... Ah ! de grace
Remettez-moi, Monsieur, à ma permiere place ;
Dans votre cœur.

LISIMON.

Oüi, soit, vous êtes mon neveu ;
Si votre repentir part d'un fincere aveu ;
Mais pour le croire il faut que dans votre conduite
Je trouve les vertus d'un homme de mérite.
Je ne parts plus, rentrons... *à part.* Ce changement heureux
Pourroit en un instant nous contenter tous deux.
haut. Les momens nous sont chers, si la raison t'éclaire,
Elle me rend un fils, en te rendant un pere.

Fin du deuxiéme Acte.

ACTE III.

SCENE PREMIERE.

CLEODON *seul.*

LISIMON près d'Oronte agit en ma faveur,
Je crois avoir trouvé mon pardon dans son cœur ;
Mais que puis-je esperer de celui de Lucile !
Ce que j'ai fait m'en rend l'accès si difficile,
Que je dois renoncer à l'espoir trop charmant
De m'en faire écouter, & voilà mon tourment.
Déja la nuit approche ... & que vois-je ! Lucile !
Mais Cydalise ! hélas ! espoir trop inutile.

SCENE II.

CLEODON, LUCILE, CYDALISE.

CYDALISE *à part.*

COmment, Lucile seule, & Cleodon aussi.
Tâchons adroitement d'éclaircir tout ceci.
Cleodon m'a paru sous un ton de prudence

Moins

Moins empressé,moins vif, & suivant l'apparence...
à Lucile. Toute seule en ce lieu, qui cherchez-vous si tard ?

LUCILE.

J'y cherchois Lisimon.

CYDALISE.

Et c'est donc par hazard
Que Cleodon ici se rencontre à sa place ?

LUCILE.

Assurément.

CLEODON *à Lucile.*

Pour moi, j'ai lieu de rendre grace
A ce même hazard qui m'a fait demeurer
Assez de tems ici pour vous y rencontrer :
à part. Dans cet heureux moment, hélas, sans Cydalise...

CYDALISE *à part.*

Il met dans ce discours certain air de surprise.

CLEODON *à Lucile.*

Lisimon sort d'ici, qui se reprochera
De n'être point resté, si-tôt qu'il apprendra...

CYDALISE *à Lucile.*

Mais, à l'heure qu'il est, qu'avez-vous à lui dire ?

LUCILE.

Moi, rien, & c'étoit lui qui prétendoit m'instruire
Avant que de partir, d'un serieux projet :
J'ignore....

CYDALISE.

Votre esprit fait ici le discret ?

CLEODON *à part.*

C'eſt-là le rendez-vous dont me parloit Liſette.
Je reſpire.

CYDALISE.

Et pourquoi paroître ſi diſtraite ?

LUCILE.

J'ignore en bonne foi ce que veut Liſimon.

CYDALISE.

Oh, que je vous connois, voilà bien votre ton !
Sous un air ſimple & doux vous conduiſez la trame
De cent petits projets que dévore votre ame,
Et je découvre auſſi par cet air de langueur,
Que vous avez quelqu'un qui vous touche le cœur :
Ma petite couſine eſt ſi diſſimulée,
On vous devinera....

LUCILE.

La choſe eſt fort aiſée :
Oui, quand je ne puis pas faire ce que je veux,
Je fais ce que je dois, & toujours de mon mieux.

CLEODON *à Cydaliſe.*

De la développer vous êtes curieuſe !
Vous n'en tirerez rien, votre ame imperieuſe
Loin de perſuader, intimide ſon cœur :
On dérobe un ſecret, mais c'eſt avec douceur ;
Laiſſez-nous ſeuls enſemble, & j'aurai la fineſſe
De découvrir quel eſt l'objet qui l'intéreſſe.

CYDALISE *à Cleodon.*

Bon, je le ſçai de reſte, & c'eſt.....

CLEODON.

Qui ?

CYDALISE.

Le Marquis.

CLEODON.

Quoi, vous croyez, ô ciel !

CYDALISE *à part.*

Comme il a l'air ſurpris !
Il aime maintenant, je n'en fais aucun doute ;
Mais je mettrai dans peu cet amour en déroute.

LUCILE.

Ma préſence vous gêne, à ce que je puis voir,
Vous parlez bas, il m'eſt aiſé de concevoir
Qu'ici je ſuis de trop, ainſi je me retire.

CLEODON.

Pourquoi ? nous n'avons rien de ſecret à nous dire.

CYDALISE.

Si vraiment. *Lucile ſort.*

SCENE III.

CLEODON, CYDALISE.

CLEODON.

En ceci vous mettez de l'humeur ;
Pourquoi la traitez-vous avec cette rigueur ?

CYDALISE.

Vous pourriez mieux que moi, Monſieur, en
rendre compte.

CLEODON *à part.*

Elle m'a deviné, mais ſi je me démonte
Je perdrai tout eſpoir. *à Cydaliſe.* Je ne vous entends point.

CYDALISE.

Non? ſoit, une autrefois nous traiterons ce point;
Il faut en agiter avant un qui décide,
Et qui doit me prouver tout l'amour qui vous guide.
Oui, j'ai paru, Monſieur, mais ſans trop y penſer,
Contente d'un projet dont je dois m'offenſer.
Vous prétendiez me faire habiter la Provence,
En me montrant pour vous quelle en eſt l'importance:
Ce projet maintenant ne me plaît point du tout;
Moi je ne prétends plus ſacrifier mon goût
Aux motifs faux ou vrais que vous m'avez ſçu dire;
Ma raiſon, la fierté de mon ſexe en ſoupire,
Et pour vous parler net, il ne me convient pas
Par tout ou vous voudrez, de ſuivre ainſi vos pas;
C'eſt à l'amant ſoumis en pareille avanture
A ſuivre le deſtin que l'amour lui procure;
Et je veux un époux toujours prêt d'habiter
Le ſeul lieu que mon gout prétendra lui dicter.

CLEODON.

Dans le choix de ce lieu, j'avois cru la prudence
Avec l'amour devoir être d'intelligence.

S'érigent en censeurs des défauts & des vices,
Et donnent à leur tour dans les plus grands caprices.
Ah! Cleodon, parbleu je te vais divertir,
Ton oncle Lisimon n'est pas prêt à partir.

CLEODON.

Je le sçais.

ORONTE.

T'en a-t-il aussi fait confidence?
Et sans rien ménager ce Caton de Provence,
Que de rester ici nous avions beau prier,
T'a-t'il dit que ce soir il va s'y marier?

CLEODON.

S'y marier, Monsieur!

ORONTE.

Oui.

CLEODON.

Seroit-il bien possible!

ORONTE.

Possible ou non, ma foi, la nouvelle est risible:
Comment la trouve-tu?

CLEODON.

Vous voulez plaisanter.

ORONTE.

Le fait est vrai, te dis-je, à n'en pouvoir douter:
On dresse le contract, la parole est donnée,
Et ce soir au plutard l'affaire est terminée.

CLEODON.

Cela n'est pas croyable.

ARLEQUIN.

Et quels ſont les beaux yeux
Qui nous volent ainſi notre oncle précieux !

ORONTE.

Je vous le donne en cent, je vous le donne en mille.

ARLEQUIN.

Donnez-le nous en un.

ORONTE.

Il épouſe Lucile.

CLEODON.

Lucile ? ô ciel, lui !

ARLEQUIN.

Quoi, ſans nous avertir ?

CLEODON.

Comment, à cet hymen pouriez-vous conſentir ?

ORONTE.

Moi, comme plus ſenſé, je ris de ſa folie ;
Mais comme ami, je veux contenter ſa manie :
Je ſuis d'accord de tout, & lui donne ma voix.
Parbleu, mon vieil ami, je pourrai cette fois
Avoir enfin ſur vous cet honnête avantage
Que prend ſur tous les fous l'homme prudent & ſage.

CLEODON.

Doucement, ſans vouloir être ici ſon appui,
Vous auriez pû du moins être ſage pour lui.
Et Lucile, Monſieur, ſans dégout conſent-elle....

ORONTE.

Lucile à ce galant n'eſt point du tout cruelle ;

Elle acquiert par ce nœud l'aimable liberté
Dont tout esprit femelle a droit d'être enchanté,
Et par chagrin d'état, bien plus que par tendresse,
Elle aspire à l'hymen pour être sa maitresse :
De Lucile, voilà, je crois, la passion,
Et je suis les projets de son ambition ;
Mais ne t'en fâche pas, Lucile est raisonnable,
Et ton oncle est si vieux, qu'il est au moins probable
Que cet époux mourant, mais sans posterité,
Ne peut par cet hymen t'avoir deshérité :
Console-toi, j'en vais rire avec Cydalise.

SCENE VI.

CLEODON, ARLEQUIN.

CLEODON.

Je ne puis revenir de ma juste surprise.

ARLEQUIN.

Voilà pour votre amour un surcroit d'embarras.

CLEODON.

Quoi, mon oncle qui vient de me tendre les bras,
Qui charmé de l'ardeur que je sens pour Lucile,
Me flattoit de trouver notre union facile,
Au même instant me trompe, & prétend l'épouser;
Puis-je croire en effet qu'il vouloit m'abuser
En me montrant tantôt la tendresse d'un pere !

Non, ce nouveau projet cache quelque mistere ;
Et loin de soupçonner ici sa bonne foi,
J'ai tout lieu d'esperer qu'il travaille pour moi.

ARLEQUIN.

Comment, en l'épousant ? le plaisant stratagême.
J'entends quelqu'un, Monsieur, c'est Lucile elle-même.

CLEODON.

Tant mieux, surtout ceci je veux l'entretenir,
Et sçavoir d'elle à quoi je pourrai m'en tenir.

XXXXXXXXXXXXXXXXXXXXXXX

SCENE VII.

LUCILE, CLEODON, LISETTE, ARLEQUIN.

LISETTE *à Lucile d'un côté du Théâtre.*

J'Aperçois Cleodon, qui désolé dans l'ame,
Sur votre hymen nouveau va lancer l'Epigramme.

LUCILE.

S'il le prend sur ce ton, je veux m'en amuser.

LISETTE.

Votre choix singulier pourroit l'autoriser.

CLEODON *à Arlequin.*

Qu'elle eſt belle, Arlequin ! & que mon cœur timide
Exprimera bien mal, la douleur qui me guide.

ARLEQUIN.

Bon, du courage, allons.

CLEODON.

Je tremble à ſon aſpect ;
Il redouble à la fois ma honte & mon reſpect.
à Lucile. Madame, en ce moment, ce lieu me favoriſe,
De paroître à vos yeux, le hazard m'autoriſe,
Sans lui, je l'avouerai, je n'aurois point oſé
Fatiguer vos regards d'un objet mépriſé,
Que par trop de raiſon, méritant de l'être,
Ne peut même eſperer de vous faire connoître
Le repentir ſecret qui déchire ſon cœur,
Et le punit aſſez de ſa coupable erreur.

LISETTE *à Lucile.*

De cet avant propos, la tournure eſt touchante !

LUCILE.

C'eſt me croire, Monſieur, l'ame un peu trop méchante :
De certains procedés peuvent nous offenſer ;
Mais un vrai repentir les doit tous effacer,
Et ſitôt qu'on commence à ſe faire juſtice,
La perſonne offenſée agiroit par caprice,
De refuſer toujours un pardon qu'on attend,
Et que mérite enfin quiconque ſe repent.

CLEODON:

Cette façon d'agir vous rend plus estimable ;
Mais c'est en me rendant à mes yeux plus coupable;
Et votre haine doit ....

LUCILE.

Je ne sçais point hair,
Et pour vous excuser j'ai sçu vous prévenir ;
D'ailleurs le mal n'est pas si grand que vous le faites :
Quoi, pour avoir voulu conter quelques fleurettes,
Essayer si mon cœur est prompt à s'émouvoir,
Est-ce donc un motif pour tant vous en vouloir !

LISETTE.

Si l'on pensoit ainsi sur le compte des hommes
Ils seroient détestés de tous tant que nous sommes.

ARLEQUIN.

Oh, sans doute, il faut bien près d'un aimable objet
Paroître au moins former quelqu'amoureux projet;
Il arrive souvent qu'on commence par rire,
Et que l'amour après peut ...

CLEODON.

On vient de m'instruire ;
D'un dessein dont je puis vous paroître étonné.
On dit que votre cœur à l'instant s'est borné
Au desir de fixer quelqu'un qui par son âge
Ne pouvoit esperer vous avoir en partage.

LUCILE.

L'âge dans ce quelqu'un peut paroître un défaut ;
Mais c'eſt le ſeul qu'il ait ; & puiſqu'enfin il faut
Tôt ou tard, bien ou mal fixer ma deſtinée,
Il n'eſt point ſurprenant de me voir réſignée
A choiſir un époux, dont la raiſon, le cœur,
Malgré l'âge qu'il a, feront tout mon bonheur.

CLEODON *à part.*

O Ciel ! qu'ai-je entendu !

ARLEQUIN.

Ce qu'il faut pour connoître
Que votre oncle eſt, Monſieur, des oncles le plus traître,
Que l'on ait vû depuis qu'ils ſont des trahiſons.
Peut-on être ſi fourbe avec tant de raiſons.

LUCILE.

Je ſuis au fait auſſi du choix qui vous engage ;
Oronte m'a parlé de votre mariage,
Et comme ſur le mien vous me complimentez ;
Je dois avoir pour vous de pareilles bontés.
Je ſçais que dès ce ſoir l'amour vous détermine
A recevoir la main de ma belle couſine.

CLEODON.

Ce compliment pourroit fort bien tomber à faux,
Et de vous l'épargner il eſt même à propos ...

LUCILE.

Ce diſcours me ſurprend, quoi, Monſieur, Cydaliſe . . .

CLEODON.

N'eſt plus l'objet du feu dont mon ame eſt épriſe.
Que dis-je, j'aime enfin pour la premiere fois:
Le ſort me punit bien d'avoir manqué mon choix.

LUCILE.

Pardonnez ſi je ſuis à tel point curieuſe,
Qui peut donc traverſer votre flame amoureuſe?

CLEODON.

Plus d'un obſtacle, tout s'oppoſe à mon bonheur,
Et nul eſpoir enfin, n'eſt permis à mon cœur,

LISETTE *à Lucile.*

Comme il a l'air ému, Madame, il vous adore,
Je vous le diſois bien.

LUCILE *à Liſette.*

Feignons que je l'ignore.

CLEODON.

Trop épris d'un objet dont je ſuis déteſté
Indigne d'achever un hymen projété.
Ingrat, méſeſtimable, odieux à moi même;
Je vais loin de ces lieux dans ma douleur extrême
Dévorer les regrets, dont ma triſte raiſon
En éclairant mon cœur, entretient le poiſon.

ARLEQUIN.

ARLEQUIN *pleurant.*

Oui, nous allons tous deux d'une douleur commune
Dans quelqu'affreux desert gémir notre infortune,
Nous abreuver de pleurs, nous nourrir de sanglots,
Et contant notre histoire aux consolans Echos
Leur dire qu'à Paris pour notre apprentissage
Nous avons fait tous deux un fort sot personnage.

CLEODON *à Lucile.*

Si mon chagrin ne peut émouvoir votre cœur ...

ARLEQUIN.

Lisette, si j'ai pû mériter ta rigueur ....

CLEODON *à Lucile.*

Au moins croyez le vrai, j'en serai moins à plaindre ...

ARLEQUIN.

Compte que je t'aimois, & que je ne sçai point feindre ...

CLEODON.

Et que tout le regret dont je suis combatu,
Est d'avoir honoré si tard votre vertu.

ARLEQUIN.

Et que mon désespoir en partant de la sorte,
Est de t'aimer encor, ou le Diable m'emporte.

SCENE VIII.

LUCILE, LISETTE.

LUCILE.

EH bien ! que pense-tu de ces tendres adieux ?

LISETTE.

Qui, moi ? j'en suis touchée, & l'on ne peut pas mieux ;
Vous avez eu grand tort d'en décider si vîte,
Ce Cleodon, Madame, a vraiment du mérite.

LUCILE.

Je crois que les défauts qu'il a d'abord fait voir,
Sont étrangers en lui...

LISETTE.

Comment ! son désespoir
Est d'une ame amoureuse autant que délicate,
Son air tendre & timide, avouez-le, vous flatte ;
Et sans mépriser l'oncle, après un tel aveu,
On pourroit bien rabattre un peu sur le neveu.

LUCILE.

Moi, tu ni pense pas; quand je suis décidée
Et que des deux côtés la parole est donnée,

LISETTE.

Voyez le grand malheur, eh bien, on la reprend.

LUCILE.

Tu crois que je pourrois ... ton discours me surprend.

LISETTE.

Cette raison n'est pas la seule qui s'oppose
Au projet qu'à l'instant mon zéle vous propose.

LUCILE.

Eh, mais ...

LISETTE.

Vous soupirez pour vous faire plaisir;
Je vais, en sa faveur, expliquant ce soupir
Vous épargner par-là les fraix d'une réponse,
Que la bouche veut taire, & que le cœur prononce.
Lisimon vient.

LUCILE.

Lisette, helas! quel embarras!

LISETTE.

Oh, le joli galant! je ne vous conçois pas.

SCENE IX.

LUCILE, LISIMON, LISETTE
CLEODON. *écoute au fond du Théâtre.*

LISIMON *à Lucile.*

PUIS-je croire en effet ce que je viens d'apprendre,
Lucile, vos bontés ont lieu de me ſurprendre.

CLEODON *a part.*

Voilà donc ce rival qui détruit mon eſpoir?
Voyons comme il ſoutient un projet auſſi noir.

LISIMON *à Lucile.*

Comment mes traits déja trop effacés par l'âge,
Et que je regardois comme le ſûr préſage
D'un refus, n'auroient point attriſté votre cœur!
Je n'oſois me flatter d'obtenir ce bonheur.

CLEODON *à part.*

O Ciel!

LISETTE.

Vraiment la choſe eſt aſſez ſurprenante.

à Lucile

Allons

LUCILE.

L'âge chez vous n'a rien qui m'épouvante

Et je vous reconnois tant ... d'autres qualités
Qu'elles méritent bien de ma part ces bontés...

LISIMON.

En ce moment, par grace, oublions mon mérite;
Et parlons ſeulement du deſir qui m'agite;
C'eſt votre bonheur ſeul qui peut faire le mien;
Secondez moi, Lucile, & dans un doux lien
Permettez d'eſperer à mon ame attendrie
De rendre heureux ce cœur que l'on me ſacrifie.

CLEODON *à part.*

Le traître!

LUCILE.

Oui, Monſieur, & vous craignez à tort;
Que ſur moi je ne faſſe un trop puiſſant effort...
En conſentant aux nœuds qu'ici l'on me propoſe,
De mon bonheur ſur vous, ma raiſon ſe repoſe.

LISETTE *à Lucile.*

Mais comptez-vous ainſi vous tirer d'embarras!

LUCILE.

Je ne ſçais... que veux tu!

LISIMON.

Vous ne m'entendez pas;
Lucile, tous les cœurs doivent vous rendre hommage,
Vous charmez aiſément qui vous voit, & mon âge

Ne me rend point exempt de cette impression
Qui se change bientôt en vive passion :
Mais ma saine raison, en me rendant justice,
Saura me préserver du séduisant caprice
Que j'aurois en effet, si j'osois me flatter
De votre libre aveu, pouvoir vous mériter ;
J'ai lû dans votre cœur, suivant les apparences
Vous vous sacrifiez à quelques circonstances,
Vous craignez que peut-être on ne s'en prenne à vous,
Si vous ne vous fixez pas le choix d'un époux.
Mais le bonheur enfin qu'ici je me prépare,
Doit naître d'un lien plus doux & moins bizarre,
Que cet Hymen auquel vous daignez consentir.

CLEODON *à part.*

Seroit-il bien possible ?

LISETTE *à Lucile.*

A quoi veut-il venir ?
J'apperçois à travers ce discours un peu louche,

LUCILE.

Expliquez-vous, Monsieur, votre intérêt me touche.

LISIMON.

J'ai formé le projet d'obtenir votre main :
Puisque j'ai réussi, secondez mon dessein ;
Daignez me la donner pour une autre moi-même,
Qui connoît vos vertus, vous estime, vous aime,
Et qui, s'il n'eût un tems égaré ses esprits,
Lui-même auroit d'abord connu tout votre prix,

Pour Cleodon enfin je vous demande grace.

LISETTE.

Ma foi, voilà, Monsieur, un trait que rien n'efface:
Vous nous tirez vraiment d'un cruel embarras,
Belle Lucile, allons, ne me démentez pas.

CLEODON *à part.*

Puis-je me reprocher assez mon injustice!
Ecoutons mon arrêt...

LUCILE *à Lisimon.*

Ce seroit un caprice
Que de livrer mon cœur à ce prompt changement,
Et sans rien imputer à mon ressentiment,
J'ai tout lieu de douter après son imposture,
Que pour moi Cleodon ait l'intention pure.

LISIMON.

Non, de votre bonheur, je suis assez jaloux
Pour vous jurer qu'il s'est rendu digne de vous.

LUCILE.

Si de ces sentimens j'avois l'ame certaine,
Votre espérance alors pourroit n'être pas vaine;
Et l'on m'excuseroit de faire cas d'un cœur
Offert de votre main avec tant de chaleur:
Je vous crois volontiers, mais mon incertitude
Exige de ce cœur une plus longue étude.

CLEODON.

Eh bien, belle Lucile, il faut à vos genoux
Commencer de mes jours les instans les plus doux,

Mon oncle, mon cher oncle, oui, je me meurs d'envie
De vous bien embrasser; vous me rendez la vie.
à Lucile Vous me verrez toujours amant respectueux,
De l'espoir d'être aimé me trouver trop heureux.

LUCILE *à Cleodon.*

Mais dans ce changement que l'amour vous propose,
Ne craignez-vous donc point qu'Oronte ne s'oppose?

LISIMON.

Son amitié pour moi vous servira d'appui,
Il vous approuvera, je vous répons de lui.

LUCILE.

Mais ma cousine peut...

LISIMON.

Non, sans vous compromettre,
Aux sentimens d'Oronte il faudra vous soumettre.

LISETTE.

A Cydalise enfin vous en devez de vieux,
Et pour vous acquitter que voulez-vous de mieux?

LISIMON.

Contre tant de raisons, pourrez-vous vous défendre?

CLEODON.

Au plus parfait amour, hélas! daignez vous rendre.

LUCILE.

LUCILE *regardant Lisimon.*

Que vous avez, Monsieur, un oncle séduisant!

CLEODON *baisant la main de Lucile.*

J'ose croire que tout ira bien à présent.

SCENE X, & derniere.

ORONTE ET LES ACTEURS de la Scene précédente.

ORONTE.

COMMENT donc! Cleodon aux genoux de Lucile!

à Lisimon.

Parbleu tu me parois un mari bien facile;
Le charge-tu pour toi de lui faire l'amour?

LISIMON.

Vous l'avez devinée!

ORONTE.

Quel est donc ce détour?

LISIMON.

Je lui cede Lucile, & me rendant justice,
Permettez qu'à vos yeux ici je les unisse.

ORONTE.

Quoi, Cydalise & moi, vous nous jouez ainsi?...
Mais je ne prétens point... que veut dire ceci?

Me prend-on, s'il vous plaît, pour un oncle en peinture ?

LUCILE.

Mon respect est pour vous tout entier, je vous jure.

ORONTE.

Quand vous vous arangez sans m'avoir consulté.

LUCILE.

Non, j'attends mon destin de votre volonté.

LISETTE.

Ceci n'est qu'un projet & non un mariage;

LUCILE.

Et j'y renonce enfin, s'il n'a votre suffrage.

CLEODON.

Pour moi, c'est de ce nœud d'où dépend mon bonheur :
Oronte en ce moment, voyez clair dans mon cœur,
De Lucile dépend mon bonheur & ma vie;
Mon oncle a bien voulu seconder mon envie;
Et par ce promt détour changer en si beaux nœuds
Des nœuds qui n'auroient pû jamais nous rendre heureux.

LISIMON.

Cher Oronte, approuvez une union si belle ;
Nous serons tous contens.

ORONTE.

J'admire trop ton zele ;
Pour te tenir rigueur : je consens à ce nœud
Puisque par là je l'ai toujours pour mon neveu ;
Mais à condition que devenu traitable,
Tu fixeras tes jours dans ce païs aimable.
Que ta triste Province abjurée à jamais... ?

LISIMON.

Oui, sur cela, mon cher, n'ayons plus de procès,
A l'univers entier, Paris est préférable,
Puisque par l'amour même, on s'y rend raisonnable.

Fin de la Comédie.

DIVERTISSEMENT, LES QUATRE AGES.

L'ENFANCE.

JOUEZ, danſez, tendres enfans;
Une favorable ignorance,
Préſide à vos jeux innocens,
Et pour les rendre intéreſſans,
En embellit la jouiſſance.

Le Soleil, dans ſes plus beaux jours;
Aux yeux de Zéphire & de Flore,
Eſt plus charmant dès ſon aurore,
Que dans le reſte de ſon cours.

L'ADOLESCENCE.

JEUNES mortels, dans ce bel âge,
Où tout eſt fait pour vous charmer,
Vous touchez au moment d'aimer;
Quel avantage!

L'amour va prendre soin d'animer dans vos cœurs ;
Tous les présens de la nature ,
C'est pour vous que l'onde murmure ;
C'est pour vous que les prez sont émaillez de fleurs ,
Que des Oiseaux l'agréable ramage ;
Répete mille fois qu'amour & ses douceurs ;
Seront votre plus doux partage.

L'AGE VIRIL.

TEMS heureux de la jouissance !
La raison, dans cet âge a fixé ses plaisirs ;
La sagesse aux desirs
Joint la force & l'indépendance.

Dignes favoris de Bacchus ,
De Minerve & de la victoire ;
Ces momens sont faits pour la gloire ;
Pour les plaisirs & les vertus.

LA VIEILLESSE.

D'UNE gaité simple & durable;
Conservez la sage douceur,
Que des plaisirs passez le souvenir flatteur
Rende votre esprit plus aimable.

Souvenez-vous;
Sans regrets, sans tristesse,
Que la tendresse
Vous a filé les momens les plus doux;
Voyez en jouir la jeunesse,
Sans en être jaloux.

FIN.

APPROBATION.

J'Ai lû par l'ordre de Monseigneur le Chancelier, un Manuscrit qui a pour titre, *Le Provincial à Paris, ou le Pouvoir de l'Amour & de la Raison, Comédie en trois Actes, en Vers; par M. de M.* & je n'y ai rien trouvé qui puisse en empêcher l'impression. Fait à Paris ce 20 Mai 1750.

JOLLY.

La Permission & l'Enregistrement se trouvent à la fin de la Tragédie de Caliste.

PIECES NOUVELLES détachées.

Le Miroir, Comédie.
Le Bacha, Comédie.
L'année Merveilleuse, Comédie.
La mort de Bucephale.
Le Retour de la Paix, Comédie.
Le Pot de Chambre cassé.
Les parfaits Amans; ou les Métamorphoses, Comédie.
Le Philosophe dupe de l'Amour, Comédie.
La Caballe, Comédie.
La Colonie, Comédie.
Les Veuves, Comédie.
Les petits Maîtres, Comédie.
La Coquette fixée, Comédie.
Momus, Comédie.
Le Marchand de Londres.
La petite Semiramis, en cinq Actes.
La Reconnoissance de Josephe, Tragédie.
Mérope, Tragédie nouvelle de Mr. Clement.
L'Electre d'Euripide, traduit en françois.
Venda, Tragédie.
Le Plaisir avec la Musique, Comédie.
Les Souhaits pour le Roi, Comédie.
Caliste ou la belle Pénitente, Tragédie.
Le Provincial à Paris, Comédie.

On trouve chez le même Libraire un Assortissement général de tous les Théâtres & Pieces détachées, tant anciennes que nouvelles avec leurs Divertissemens & plusieurs autres Recueils de Musique, utiles à toutes les sociétés qui voudront jouer la Comédie.

www.ingramcontent.com/pod-product-compliance
Ingram Content Group UK Ltd.
Pitfield, Milton Keynes, MK11 3LW, UK
UKHW020928180726
13838UKWH00002B/817

9 782329 292243